www.erfolgshelfer.com
info@erfolgshelfer.com

ACHTUNG DISCLAIMER:

Ich habe für Dich viele Spartipps nach bestem Wissen und Gewissen zusammen getragen. Allerdings kann ich hierfür keine Garantien übernehmen. Jegliche Haftung meinerseits ist ausgeschlossen. Genauso wie der Rechtsweg ausgeschlossen ist. Die Verwendung der Tipps gehen auf Dein eigenes Risiko.

1. Auflage September 2020

Inhaltsverzeichnis:

Erfolgreich sparen

Erste Tipps

In der heutigen Zeit haben Viele am Ende des Geldes noch viel Monat übrig, so dass sie sich nichts mehr auf die Seite sparen können. Oder Du sparst für eine bestimmte Sache, die Du Dir gerne leisten möchtest. Aus diesem Grund hab ich hier für Dich einige Spartipps zusammen gestellt, die Dir hoffentlich helfen am Monatsende doch noch etwas auf die Seite legen zu können.

Wichtig ist Dir bewußt zu werden, warum Du gerne etwas mehr sparen möchtest. Dies hilft Dir abzuwägen, in wie weit Du Dich einschränken möchtest.

Ich hab Dir hier einige Tipps zusammen getragen. Manche kennst Du vielleicht bereits, andere sind neu für Dich und wieder andere verursachen eventuell einen Aha-Effekt bei Dir. Wie auch immer, Du kannst natürlich selbst entscheiden, welchen Tipp Du gut findest und welchen Du anwenden, und welchen Du ignorieren möchtest. Mir war es wichtig für so viele Bereiche wie möglich etwas für Dich zusammen zu stellen. Teilweise aus eigenen Erfahrungen, aber auch Tipps, die ich anderweitig recherchiert bzw. erfahren habe.

Viel Spass mit ERFOLGREICH SPAREN!

Erste Herangehensweise

Erstelle Dir erst mal einen Überblick, welche festen Kosten Du jeden Monat hast. Danach machst Du Dir noch eine Liste, was in den verschiedenen Monaten fest abgeht. Wann werden bestimmte Versicherungen gezalt und in welcher Höhe (z.B. Hausrat, KFZ usw), wann wird z.B. die GEZ in welcher Höhe abgebucht , etc. So hast Du jeden Monat eine feste Größe und weißt genau wieviel Budget Du hast.

TIPP 1

<u>Führe ein Haushaltsbuch</u>

Dann erstelle unbedingt ein Haushaltsbuch. Dies kann ein kleines Heftchen sein, in das Du alles einträgst, oder eine App. Oder gestalte eine Exceltabelle in der Du die Formeln gleich hinterlegen kannst. Schaffe Kategorien unter denen Du Deine Einnahmen und Ausgaben einträgst. Ganz oben z.b. Dein monatlich zur Verfügung stehendes Geld, dazu addiert zusätzliche Einnahmen, oder Restguthaben vom Vormonat. Darunter dann die einzelnen Kategorien, die Du monatlich ausgibst. Beispiele von Kategorien sind Lebensmittel, Drogerieware, Kleidung, Freizeitaktivitäten, Sonstiges usw. Trage Deine festen, als auch Deine Ausgaben, die Du täglich hast, gewissenhaft ein. Ganz unten kannst Du bei der Exceltabelle dann noch die Gesamtsumme bilden. So hast Du in jedem Augenblick einen Überblick, wieviel Geld Dir noch zur Verfügung steht.

TIPP 2

<u>Setze Dir Budgets / Limits</u>

Wenn Du ein Haushaltsbuch führst, siehst Du wieviel Du jeden Monat in den einzelnen Kategorien (wie Lebensmittel, Drogerie, auswärts essen usw) ausgibst. Indem Du Dir für die einzelnen Kategorien feste Limits setzt, hast Du Deine gesamten Ausgaben besser im Griff. So kannst Du z.B. für Lebensmittel ein Budget von 150 Euro setzen, für Klamotten ein Budget von 50 Euro, fürs Weggehen eins für 100 Euro, usw. Du kannst es auch so koordinieren, dass Du Dir z.B. Briefumschläge machst und in jeden Umschlag das fest gesetzte Budget am Monatsanfang rein nimmst und dann nur davon bezahlst. So hast Du immer im Blick, was Du noch ausgeben darfst, für die gesetzte Kategorie. Viele machen auch für jede Kategorie ein einzelnes Bank-Unterkonto. Dies ist dann das oft erwähnte Konten- bzw. Budgetmodel.

TIPP 3

<u>Bezahl Dich selbst</u>

Ein elementarer Tipp ist, Dich selbst zu bezahlen. Leg Dir, wenn Du Dein Gehalt bekommst, immer zuerst mindestens 10% auf die Seite. Dies kannst Du dann sinnvoll investieren.

Nun kommen wir zu den Spartipps in den einzelnen Bereichen. Ich halte die Tipps kurz und einfach, so dass Du besser den Überblick behältst.

Für folgende Bereiche findest Du Spartipps in diesem Buch:

- Spartipps für den Haushalt
- Spartipps bei Nahrungsmitteln
- Spartipps im Alltag
- Sparen bei Reinigungsmitteln
- Sparen im Garten
- Sparen beim Auto
- Sparen in der Freizeit
- Sparen bei Reisen
- Energiespartipps
- Sparen im Internet
- Günstig kühl durch den Sommer kommen
- Geld nebenher verdienen

Spartipps für den Haushalt

TIPP 4

<u>Isolierung des Hauses / Wohnung</u>

Ist Dein Haus bzw. Deine Wohnung ausreichend isoliert? Bei einer optimalen Isolierung kannst Du im Winter Heizkosten sparen.

TIPP 5

<u>Mietkaution</u>

Frag Deinen Vermieter, ob ihm anstatt der Zahlung der Mietkaution das Einrichten einer Mietkautionsbürgschaft ausreicht. Diese stellt Dir Deine Bank aus.

TIPP 6

Timer für Heizung

Bringe einen Timer an Deiner Heizung an. Dann schaltet sie sich zu einer bestimmten Uhrzeit automatisch ein oder aus. So kannst Du nachts oder wenn Du bei der Arbeit bist, die Heizung etwas herunter drehen und das Ganze wieder hoch, wenn Du zuhause bist.

TIPP 7

Tropfende Wasserhähne

Repariere sie so schnell wie möglich. Viele kleine Tropfen ergeben eine Menge Wasser. Falls Du den Wasserhahn nicht so schnell repariert bekommst, stelle ein Gefäß drunter und nutze das aufgefangene Wasser zum Kochen oder Gießen.

TIPP 8

Kaltwasser auffangen

Es braucht bei Dir ewig, bis das warme Wasser kommt? Fang das kalte Wasser mit einer Gießkanne oder Schüssel auf. Auch dieses Wasser kannst Du zum Blumen gießen oder Kochen verwenden.

TIPP 9

Tapetenkleister

Lässt sich selbst herstellen. Gebe Roggenmehl unter ständigem Rühren in kochendes Wasser. So entsteht eine klebrige Masse, die Du als Tapetenkleister verwenden kannst.

TIPP 10

Kerzen

Eine Kerze brennt länger, wenn man ein wenig Salz in das flüssige Wachs streut.

TIPP 11

Eingetrocknete Filzstifte

Der Filzstift ist eingetrocknet? Versuch es mal mit einem fünfminütigen Essigbad.

TIPP 12

Seifenreste

Seifenreste in einem Glas mit heißem Wasser aufgelöst, kann man als gutes Fein-waschmittel nutzen.

TIPP 13-16

Dufthelfer

TIPP 13

Unangenehme Düfte kann man mit teuren Duftsprays entfernen. Oder man stellt eine mit Nelken gespickte Orange oder Eukalyptusblätter auf.

TIPP 14

Du kannst auch ein paar Schälchen Zitronenwasser oder mit Essig in der Wohnung verteilen und so unangenehme Gerüche, z.B. vom Kochen vertreiben.

TIPP 15

Eine Handvoll Katzenstreu in einem Säckchen vermeidet Gerüche in z.B. Kleiderschränken.

TIPP 16

Auch der Staubsauger kann helfen unangenehme Gerüche in der Wohnung zu vertreiben. Träufle ein paar Tropfen eines ätherischen Öls, vor dem Saugen auf den Staubsaugerbeutel. Durch die Luftzirkulation während des Saugvorgangs verbreitet sich der Duft in der ganzen Wohnung.

TIPP 17

<u>Helle Wohnungsgestaltung</u>

Indem man helle Möbel, helle Wände usw nutzt, kann man die Leuchtkraft des Tageslichts besser nutzen und die Wohnung erscheint heller. Somit brauchst Du auch nicht all zu früh ein Licht anschalten.

Spartipps bei Nahrungsmittel

TIPP 18

Leitungswasser trinken

Die Trinkwasserqualität in Deutschland ist sehr gut. Stiftung Warentest fand 2016 heraus, dass Leitungswasser oft mehr Mineralien und weniger chemische Rückstände als abgepacktes Mineralwasser enthält. Vor allem Plastikflaschen versetzen das Wasser mit kleinen Mikroplastikpartikeln, das der Gesundheit nicht sehr zuträglich ist. Ein Wasserfilter ist empfohlen um letzte evtl. schädliche Stoffe doch noch raus zu filtern. Regelmäßiges tauschen des Filters nicht vergessen!

Du magst gerne Wasser mit Kohlensäure? Kaufe Dir einen Wassersprudler. Auch diesen gibt es mittlerweile schon sehr günstig.

TIPP 19

Gefrorenes Obst

Gefrorenes Obst ist häufig günstiger als frisches. Vor allem außerhalb der Saison.

TIPP 20

Gemüse anbauen

Das geht sogar auf dem Balkon und Terrasse! Tomaten, Chillis, Paprika oder auch Kräuter eignen sich hervorragend.

TIPP 21

Günstigere Lebensmittel einkaufen

Halte Ausschau nach günstigen Lebensmittel und Rezepte. Z.B. Koche zwischendurch doch mal eine leckere Kartoffelsuppe.

TIPP 22

Trinkflasche dabei haben

So vermeidest Du, dass Du unterwegs etwas zu trinken kaufen mußt. Du vermeidest auch den Kauf von Plastikflaschen, wodurch Du etwas für Deine Gesundheit und für die Umwelt tust.

TIPP 23

Vermeide Fast Food und Lieferservice

Selbst kochen ist immer günstiger und meist auch gesünder.

TIPP 24

Eigenes Brot und Kuchen backen

Es gibt viele tolle Rezepte und es ist einfacher als man denkt! Und Du weißt was drin ist.

TIPP 25

Angebote finden

Du möchtest wissen, welche Lebensmittel wo in Deiner Nähe im Angebot sind? Du kannst online Angebote bzw Prospekte finden z.B. mit den Apps Marktguru oder Kaufda.

TIPP 26

Menge der Lebensmittel koordinieren

Kaufe nur so viele Lebensmittel ein, die Du auch tatsächlich verbrauchst. Das Wegwerfen von Lebensmittel ist sehr schade.

TIPP 27

Discounter

Lebensmittel beim Discounter sind häufig sehr viel billiger, aber nicht schlechter. Oder nimm NoName Produkte.

TIPP 28

Sparen beim Lebensmittel kaufen

Die Plattform foodsharing.de hilft z.B. Lebensmittelüberschüsse zu verteilen. Die App ToGoodToGo zeigt dir Restaurants und Bäckereien in Deiner Nähe an, die z.B. Abends das noch übrig gebliebene Essen bzw. Lebensmittel günstiger verkaufen. Voranmeldung allerdings nötig!

TIPP 29

Kürzlich abgelaufene Lebensmittel / bzw. Lebensmittel kurz vor dem MHD

Diese werden in Lebensmittelhandel häufig für einen stark reduzierten Preis angeboten. Wir wissen ja, dass die Lebensmitteln nach Ablauf des MHD häufig noch immer sehr gut sind. Wenn Du die Waren also schnell verbrauchst, kannst Du gut auch darauf zurückgreifen.

TIPP 30

Fleischkonsum senken

Gutes Fleisch kostet sehr viel. Vielleicht kannst Du Dir hin und wieder doch mal etwas Fleischloses kochen. Es gibt tolle vegetarische Rezepte. So kann auch einiges gespart werden.

TIPP 31

Koche größere Mengen

So mußt Du nicht jeden Tag kochen und sparst jede Menge Zeit und auch Geld. Wenn Du eine Gefriertruhe hast, kannst Du Dir Dein Essen jederzeit auftauen. Dem Herd oder dem Backofen ist es egal, ob Du eine kleine oder größere Menge kochst. Der Stromverbrauch bleibt der Gleiche.

TIPP 32

Nicht hungrig einkaufen gehen

Das hat sicher schon jeder gemerkt. Wenn Du hungrig einkaufen gehst, kommst Du ziemlich sicher mit einem größeren Einkauf nach Hause.

TIPP 33

Vorratskauf

Ein unverderbliches Produkt ist im Angebot? Kaufe mehr davon und lege Dir einen Vorrat an. Du kannst auch beim Metzger Sonderangebote nutzen und das Fleisch oder die Wurst dann einfrieren.

TIPP 34

Kaffeekonsum

Du holst Dir jeden Morgen Deinen Kaffee beim Bäcker ToGo? Kauf Dir eine Tasse, bzw. Behälter, den Du mitnehmen kannst und befülle ihn zuhause mit einem Kaffee oder Tee. Täglich einen Kaffee vom Bäcker für 2 Euro macht über 500 Euro im Jahr.

TIPP 35

Vermeide vorgefertigte Lebensmittel

Reibe z.B. Deinen Käse selber. Die viertel Melone, der verpackte Salat usw kommt bei der Umrechnung auf den Kilopreis deutlich teurer als die unverpackten Alternativen. Allerdings ist es natürlich auch besser eine kleinere Menge zu kaufen, bevor man Lebensmittel weg wirft.

TIPP 36

Vergleiche Kilo- / Liter Preise

Großpackungen sind zwar häufig günstiger, aber nicht immer. Schau Dir immer die Kilo- / Liter-Preisvergleiche auf dem Etikett am Supermarktregal an. So kannst Du Dich super orientieren. Lass auch den Blick nach ganz oben oder ganz unten im Regal schweifen. Die billigere Ware liegt meistens hier.

TIPP 37

Online Lebensmittel einkaufen

Es gibt hier einige Vorteile Deine Lebensmittel online zu bestellen. Z.B. Findest Du die günstigsten Produkte einfacher. Beim normalen Einkauf im Supermarkt sind diese ja meist etwas versteckt. Außerdem vermeidest Du Impulskäufe. Bei Anmeldung für den Newsletter bei Onlineshops werden häufig Rabattgutscheine angeboten. So sparst Du zumindest beim ersten Einkauf nochmal. Dazu hast Du eine hohe Zeitersparnis.

Gut, Du mußt Versandkosten bezahlen, aber Du fährst ja wahrscheinlich auch oft mit dem Auto zum Einkaufen und hast so dann Spritkosten.

TIPP 38

<u>Cashback</u>

Wie auch bei „Einkaufen im Internet"
erwähnt, kannst Du Cashback auch für
Deinen Lebensmitteleinkauf nutzen. Lade Dir
z.B. die App Scondoo und melde Dich an.
Nach dem Einkauf fotografierst Du Deinen
Kassenbon. In der App siehst Du dann für
welche Produkte Du Geld zurück bekommst.

TIPP 39

<u>Wasserkocher nutzen</u>

Es ist günstiger das Wasser erst im
Wasserkocher aufzuheizen, als auf der
Herdplatte. Du kannst das Wasser nach dem
Aufkochen in den Topf schütten und hier ganz
normal Deine Nudeln oder ähnliches auf der
warmen Herdplatte kochen. Dies kann bis zu
40% Strom sparen.

TIPP 40

<u>Gefrorenes auftauen</u>

Wenn Du Gefrorenes rechtzeitig aus dem
Gefrierschrank nimmst, brauchst Du keine
Mikrowelle, Wasserbad oder sonstiges zum
Auftauen. Auch dies spart Energie.

TIPP 41

Passende Töpfe und Deckel

Dies ist kein sonderlich neuer Tipp.

Aber: Du sparst bis zu 20% an Strom, wenn Du zum Kochen auch einen passenden Deckel für den Topf nutzt.

Das selbe gilt für die Herdplatte. Auch diese und der Topfumfang sollten passen. Nur 1 cm Unterschied zwischen kleinerem Topfumfang und Herdplatte kosten um die 20% an Energie, die Du nicht nutzt.

TIPP 42

Filterkaffee

Wieder die gute alte Filterkaffeemaschine rauskramen und damit Kaffee kochen ist deutlich günstiger als Kaffee mit Kapseln oder Pads. Außerdem belasten Kapseln die Umwelt. Mittlerweile gibt es aber auch wiederbefüllbare Kapseln.

TIPP 43

Vesperbrote verpacken

Das Vesperbrot ruhig in einer Brotdose mitnehmen und nicht in einer (Alu-) Folie.

TIPP 44

Kaufe kurz vor Ladenschluss ein

Viele Supermärkte setzen verderbliche Waren Samstags 2 Stunden vor Ladenschluss im Preis herunter.

TIPP 45

Dampfkochtopf nutzen

Diese gibt es auch gebraucht im Internet oder auf Flohmärkten. Dampfkochtöpfe verbrauchen bis zu 50% weniger Strom. Außerdem hat man eine große Zeitersparnis, da das Gargut schneller und auch schonender gekocht ist.

TIPP 46

Reste kochen

Du hast viele Reste, die einzeln keine Mahlzeit mehr ergeben? Kreiere neue Gerichte, indem Du die Reste verkochst. Z.B. Über übrig gebliebene Nudeln, Eier zerschlagen und in einer Pfanne verrühren, bis es durch ist. Oder vielleicht einen Eintopf mit dem Gemüse? Lass Deiner Fantasie freien Lauf.

TIPP 47

Weniger über den Backofen „kochen"

Ein Braten lässt sich auf dem Herd garen, oder im Backofen. In diesem Fall ist der Herd die energiesparendere Variante. Der Backofen benötigt ca. drei bis viermal so viel Energie, als ein geschlossener Topf auf dem Herd. Das Volumen eines Backofens, ist wesentlich größer, die Energie auf dem Herd wird direkt für den Garprozess genutzt.

TIPP 48

Vermeide Fertigprodukte

Fertigsoßen, Salatmischungen, Marinaden usw sind teurer, als wenn man es selber macht.

TIPP 49

Salzwasser

Gebe das Salz erst hinzu, wenn das Wasser bereits sprudelt, dies ist energiesparender. Der Hintergrund ist, dass das Kochsalz (Natriumchlorid) den Siedepunkt von Wasser heraufsetzt. So brauchst Du mehr Energie um das Salzwasser zum Kochen zu bringen.

TIPP 50

Smoothies mixen

Das Obst oder Gemüse sieht nicht mehr lecker aus? Ab in den Mixer und mach einen Smoothie draus.

TIPP 51

Früchtetee statt Limo

Du brauchst ein süßes Getränk mit Geschmack? Mach Dir einen Früchtetee und lass ihn abkühlen. Dieser ist eine gute Alternative zur Limo, ist gesünder und um einiges günstiger.

TIPP 52

Quark doppelt so lange haltbar

Wenn Du ungeöffneten Quark auf den Kopf stellst, bleibt er doppelt so lange haltbar.

TIPP 53

<u>Basilikum</u>

Im Supermarkt gekaufter Basilikum hält länger, wenn Du ihn teilst und die zweite Hälfte in einen weiteren Topf pflanzt. Der gekaufte Topf-Basilikum hat oft zu wenig Platz.

Spartipps im Alltag

TIPP 54

Tuben aufschneiden

Du kannst aus der Tube nichts mehr rausdrücken? Schneide sie einfach auf. Du wirst Dich wundern, wieviel von dem Produkt noch drin ist. Z.B. Zahnpasta, Handcreme usw.

TIPP 55

Shampoo verdünnen

Fülle etwas Shampoo in eine leere Flasche, gebe Wasser dazu. Danach schüttle die Flasche bis sich Schaum bildet. Diesen in die Haare geben und so die Haare waschen.

Diesen Tipp mache ich persönlich tatsächlich nicht unbedingt zum Geld sparen. Mir ist aufgefallen, dass sich der Schaum viel besser im Haar verteilen lässt und man tatsächlich nur die Hälfte der Shampoomenge benötigt.

TIPP 56

Haarspülung, Haarkur anderweitig nutzen

Du hast eine Haarspülung oder eine Haarkur gekauft, mit der Du nicht klar kommst? Du kannst sie sehr gut z.B. als Rasiercreme verwenden.

TIPP 57

Monatlich zur Verfügung stehendes Geld einteilen

Das heißt, das Geld, dass Du monatlich, nach Abzug Deiner Fixkosten, zur Verfügung hast, z.B. auf die einzelne Wochen aufteilen. Nehme das Wöchentlich zur Verfügung stehende Geld in Bar in Deinen Geldbeutel. Wenn es weg ist, ist es weg. So behältst Du den Überblick. Außerdem ist die Hemmschwelle Bargeld auszugeben oft höher, als mit Karte zu bezahlen.

TIPP 58

Kaufe gebrauchte Dinge

Es gibt sehr viele Verkaufsportale, die gebrauchte Dinge verkauft. Siehe z.B. Kleiderkreisel, momox, ebay Kleinanzeigen oder sogar bei Amazon.

TIPP 59

Verkaufe Dinge

Verkaufe Dinge, die Du nicht mehr brauchst z.B. bei Ebay Kleinanzeigen. Selbst für Kleidung gibt es Verkaufsapps, wie z.B. Kleiderkreisel. Dinge fürs Baby über Mamikreisel usw. Oder Du bringst sie z.B. zu H&M. Hier wird nach Kilo abgerechnet. Bücher oder DVDs kannst Du über momox oder Rebuy usw verkaufen.

TIPP 60

Weniger Schuhe und Bekleidung

Kaufe weniger Schuhe und Bekleidung. Überlege, ob Du das Teil wirklich brauchst. Stattdessen kannst Du Deine bereits vorhandene Kleidung pflegen. z.B. den Wollpulli nicht wegwerfen, sondern mal entfusseln. Schwarze Kleidung neu einfärben, wenn sie mittlerweile eher grau ist, usw.

TIPP 61

Tasche zum Einkaufen mitnehmen
So mußt Du keine Tasche vor Ort kaufen.

TIPP 62

Sammelkarten nutzen

In Kinos, Bäckereien usw werden häufig Sammelkarten angeboten. Z.B. 10 mal bezahlen, einmal umsonst.

TIPP 63

Ungenutzte Abos / Mitgliedschaften kündigen

Sollte eigentlich klar sein. Trotzdem möchte ich dies gerne hier aufführen. Du nutzt Dein Amazon Prime oder Netflix Abo eigentlich gar nicht so oft? Du bezahlst jeden Monat das Fitnessstudio, gehst aber nicht? Überlege, ob Du es wirklich brauchst.

TIPP 64

Preisvergleich

Preise vergleichen. Grad auch im Lebensmittelbereich kann hier einiges gespart werden. Achtung: Großpackungen sind nicht immer günstiger.

TIPP 65

Friseurbesuche

Schau doch mal, ob es in Deiner Stadt nicht auch einen guten günstigeren Friseur gibt. Es gibt schon tolle Friseure, die Dir für 20 Euro einen schönen Haarschnitt verpassen.

TIPP 66

Kaufentscheidungen überdenken

Vermeide Spontankäufe bzw Impulskäufe. Wäge Für und Wieder ab. Willst Du es nur, oder brauchst Du es wirklich? Ist die Investition wirklich sinnvoll? Gebe Dir bei kleinen Beträgen 10 Minuten, bei großen Beträgen gebe Dir eine Woche Bedenkzeit und schlafe nochmal drüber. Wenn Du das Produkt brauchst, vergleiche Preise und kaufe erst dann.

TIPP 67

Einkaufszettel

Schreibe einen Einkaufszettel und halte Dich dran. So vermeidest Du Spontankäufe, die sich irgendwann auch summieren.

TIPP 68

Höre auf mit Rauchen

Ja, ich weiß. Das ist nicht so einfach, es macht Spass, es ist Gewohnheit... Aber ich denke Du weißt selbst, wieviel Du hier sparen könntest...

TIPP 69

Trinke weniger Alkohol

Alkoholische Getränke sind meist sehr teuer...

TIPP 70

Lade Deine Freunde zu Dir ein

Anstatt feiern zu gehen, lade Deine Freunde zu Dir ein. Ihr könnt z.B. zusammen kochen. Auch das spart Geld.

TIPP 71

Lese Bücher

Ein tolles und günstiges Hobby. Außerdem erweitert es Deinen Horizont. Du findest auch günstige gebrauchte Bücher z.B. auf momox oder auf dem Flohmarkt. Oder leihe Dir welche bei Familie und Freunden oder natürlich von einer Bücherei.

TIPP 72

Bilde Rücklagen

Das vermeidet eine teure Kreditaufnahme oder Dispokredit bei kurzfristigen finanziellen Engpässen.

TIPP 73

Repariere Kleidung

Der Knopf oder der Reissverschluss an der Hose ist kaputt? Frag doch mal bei einer Änderungsschneiderei ob Sie dies reparieren können. Das ist häufig billiger als eine komplett neue Hose zu kaufen. Wenn Du handwerklich geschickt bist, bekommst Du das auch selbst hin und sparst noch mehr.

TIPP 74

Reparaturcafés nutzen

Dir ist etwas kaputt gegangen, kannst es aber nicht selbst reparieren bzw. kannst Dir eine professionelle Reparatur nicht leisten? Halte mal die Augen offen. Vielleicht gibt es auch bei Dir in der Nähe ein Reparaturcafé. Hier sind Leute mit Ahnung, die Leuten ohne Ahnung erklären, wie sie etwas reparieren können. Häufig nur für ein Trinkgeld.

TIPP 75

Wasser sparen

Vermeide langes Duschen und häufiges Baden.

Du kannst außerdem, wenn Du z.B. Gemüse oder Obst wäscht, das Wasser in einem Behälter auffangen und das Wasser als Gießwasser für Deine Pflanzen nutzen.

Wenn Du während dem Hände einseifen den Wasserhahn zudrehst, kannst Du auch viel Wasser sparen.

TIPP 76

Gemüse richtig garen

Um Gemüse zu garen, muß das Gargut nicht vollständig mit Wasser bedeckt sein. Ein paar Zentimeter Wasser reichen. Durch den aufsteigenden Wasserdampf gart das Gemüse nicht nur Wassersparender, sondern auch Vitaminschonend.

TIPP 77

Kundenkarten

Manche Kundenkarten bieten tatsächlich extra Angebote oder Rabatte an, durch die sich Geld sparen lässt.

TIPP 78

Verwende einen Spar-Duschkopf und Perlator

Dieser lässt einen geringeren Teil des Wassers durch, als Duschköpfe ohne Sparfunktion. Durch einen höheren Druck, bzw. mit mehr eingebrachte Luft spürt man dies aber nicht. Für Wasserhähne kannst Du einen Perlator nutzen.

TIPP 79

Eigenes Essen auf Ausflügen

Ein Ausflug ist geplant? Nimm Dein eigenes Essen mit, das ist günstiger.

TIPP 80

Vermeide Lotterien

Jede Woche Lotto geht ganz schön an den Geldbeutel, wenn man bedenkt, wie niedrig die Gewinnchancen sind...

TIPP 81

Nutze kostenlose Kurse und Workshops

Davon gibts im Internet viele Angebote. Bestimmt auch für Dein Interessengebiet.

TIPP 82

Schlussverkäufe nutzen

Hier sind hohe Ersparnisse drin. Und der nächste Sommer / Winter kommt bestimmt. Aber Vorsicht! Im Sale kauft man oft auch Dinge, die man eigentlich gar nicht braucht.

TIPP 83

Wechsel die Bank

Es gibt mittlerweile viele (Internet-)Banken, die ein kostenloses Girokonto anbieten. Siehe z.B. ING

TIPP 84

Kreditkarten

Vergleiche die Preise für Kreditkarten. Bei vielen Internetbanken gibt es z.B. eine VISA - Kreditkarte kostenlos dazu, mit der Du an allen Bankautomaten Geld abheben kannst. Z.B. ING.

TIPP 85

Vermeide Ratenkauf

Schau erst, wieviel die Zinsen für den Ratenkauf wirklich ausmachen. Brauchst Du das Produkt wirklich? Lohnt es sich hierfür Schulden zu machen? Konsumschulden sind selten gut.

TIPP 86

Wohnen

Das Wohnen in der Stadt ist deutlich teurer als in Stadtrandlage oder auf dem Land.

TIPP 87

Leere Wohnung oder ein Zimmer vermieten

Du brauchst nicht alle Zimmer? Deine Wohnung steht für einige Zeit frei? Dann vermiete es doch z.B. über Airbnb.

TIPP 88

Versicherungen

Schau regelmäßig über Deine Versicherungen. Gibt es mittlerweile günstigere, mit der selben Leistung oder sogar mehr Leistung für minimale Mehrkosten? Hier lässt sich oft vieles optimieren. Auch bei Lebensversicherungen oder Geldanlagen lohnt sich ein Blick. Es lohnt sich auch ein Blick auf Deine Krankenversicherung. Gibt es vielleicht eine günstigere Krankenkasse mit besseren Leistungen als Deine bisherige?

Hierfür gibt es im Internet Vergleichsportale wie Verivox oder Check24.

TIPP 89

Kredite

Dies gilt auch für Kredite. Ergibt sich eventuell die Möglichkeit teure Kredite umzuschulden? Also kannst Du einen teuren Kredit eventuell durch einen günstigeren Kredit ablösen? Generell, bevor Du einen Kredit unterschreibst, vergleiche den Effektivzins verschiedener Angebote.

TIPP 90

Bahnfahren

Wenn Du regelmäßig mit der Bahn fährst, nutze Monats- oder sogar Jahreskarten. Damit kannst Du richtig Geld sparen. Schau auch nach Angeboten des P&R am Bahnhof. Auch hier gibt es häufig Monats- oder Jahreskarten für die Parkgebühr.

TIPP 91

Kleinanzeigen durchschauen

Schau doch mal n der Zeitung, bei ebay-Kleinanzeigen, quoka.de nach den Kleinanzeigen. Häufig wird etwas verschenkt oder sehr günstig verkauft. Vielleicht genau das, was Du brauchst?!

TIPP 92

Das Auslaufmodel

Kommt ein neues Gerät, Handy, usw raus? Kaufe das Auslaufmodel. Diese sinken im Preis, sobald das neue Gerät auf dem Markt ist. Dies kann aber auch z.B. bei Mode der Fall sein. Outlet Stores können hier einiges bieten.

TIPP 93

Flohmärkte

Geh auf Flohmärkte und schau ob es hier etwas gibt, das Du brauchst. Du hast ganz viele Dinge zuhause, die Du nicht mehr brauchst? Nimm Dir einen Flohmarktstand und verkaufe Deine Sachen. Es gibt auch Flohmärkte bei denen z.B. nur Klamotten verkauft werden.

Du kannst natürlich auch in Second Hand Läden stöbern, oder Apps nutzen wie Kleiderkreisel, Mamikreisel usw.

TIPP 94

Männerprodukte kaufen

Ist es Dir, als Frau, schon aufgefallen, dass z.B. Rasierer, Rasierschaum usw. für Frauen mehr kosten, als die für Männer?!

TIPP 95

Spartage

Nutze den Kinotag, die Happy Hour usw.

TIPP 96

Überweisungen

Deine Bank verlangt Geld für Deine Überweisungen? Lass, wenn möglich, den Vertragspartner bei einem Kauf das Geld von Deinem Konto abbuchen. So hast Du keine Überweisungskosten. Oder wechsle die Bank.

TIPP 97

Versicherung von Paaren

Frisch zusammen gezogene Paare haben häufig die selben Versicherungen. Hier können doppelte gekündigt werden, z.B. Hausratversicherung

TIPP 98

Fitness

Kein Geld für ein Fitnessstudio? Es gibt verifizierte Fitnesskurse, die von Deiner Krankenkasse übernommen werden. Schau doch gleich mal auf der Website Deiner Krankenkasse vorbei, oder frag sie an. Sie schicken Dir eine Liste mit Kursen. Auch Yoga ist so z.B. möglich.

TIPP 99

Steuererklärung

Mach die Steuererklärung. Sie spült nochmal Geld in die Kasse. Du kannst sie kostenlos über Elster machen. Oder über ein Steuerhilfsprogramm, das ein bisschen was kostet. Hier wirst Du dann allerdings in Interviewform durch die Steuererklärung geleitet. So vergisst Du nichts anzusetzen und es werden Dir Tipps und Tricks weitergegeben. Die Kosten dafür kannst Du bei der Steuer mit absetzen.

TIPP 100

Von der Steuer absetzbar

Viele Nebenkosten Deiner Wohnung (z.B. Hausmeisterservice) und Haftpflicht-versicherungen usw lassen sich von der Steuer absetzen.

TIPP 101

Medikamente

Viele frei verkäufliche Medikamente haben Generika. Der gleiche Wirkstoff, für weniger Geld.

TIPP 102

Lebe Gesund

Das erspart Dir medizinische Ausgaben in der Zukunft.

TIPP 103

Nutze Vorsorgeuntersuchungen

Wenn Deine Krankenkasse diese bezahlt, nutze sie.

TIPP 104

Billige vs teure Produkte

Sparst Du mit dem billigeren Produkt wirklich? Egal ob Drogerieware, Schuhe, Kleidung usw. Prüfe zuerst ob Du wirklich günstiger davon kommst. Ist es genauso ergiebig? Wie ist die Qualität? Hält es genauso gut wie das teurere Produkt? Wenn ja dann greif zu. Manchmal sind günstige Drogeriewaren allerdings nicht so ergiebig, wie teurere.

TIPP 105

Pfand sammeln

Ja, auch hier kommt durch viele kleine Beträge irgendwann ein großer Betrag zusammen.

TIPP 106

Bestelle Proben

Bestelle immer Proben die angeboten werden, von Dingen die Du brauchst.

TIPP 107

Kaufe B-Ware oder Ausstellungsstücke

Diese haben kleine Mängel, sind aber oft deutlich günstiger.

TIPP 108

No Name Produkte statt Marke

Oft stehen No Name Produkte den Markenprodukten in der Qualität in nichts nach, allerdings zum günstigeren Preis. Vergleichen lohnt sich.

TIPP 109

Leihen / mieten statt kaufen

Dies gilt nicht nur für Bücher aus der Bücherei, sondern auch für z.B. Handwerksmaterial beim Nachbarn, Familie oder Baumarkt. Aber es gibt auch Internetseiten, bei denen Du eventuell fündig wirst.

Abendkleider findest Du z.b. unter http://chic-by-choice.com/de

Baby- und Kinderkleidung z.B. unter www.kilenda.de . Hier findest Du auch Second Hand Kleidung zum Kaufen.

Lego findest Du unter: www.bauduu.de

Hier kannst Du teilweise auch *Kunst* mieten: www.allyoucanart.de/

Und last but not least gibt es auch eine *allgemeine Leih-Plattform*: www.erento.com

TIPP 110

Lauf öfter, oder nimm das Fahrrad

Ja, auch ein altbekannter Tipp. Aber nicht immer das Auto zu nehmen spart tatsächlich Geld.

TIPP 111

Mobiltelefon

Du brauchst Dein Mobiltelefon eigentlich nur
selten? Schau mal, ob Dir vielleicht nicht eine
Prepaid Karte reicht. So bist Du vertraglich
nicht gebunden und kannst das Guthaben
aufladen, das Du wirklich verbrauchst.

TIPP 112

Coupons nutzen

Ab und zu findet man sie im Briefkasten.
Mittlerweile sind sie allerdings häufiger auf
den Webseiten des jeweiligen Unternehmens
zu finden. Ausdrucken und einlösen, so
einfach geht das.

TIPP 113

Gebrauchtes Geschenkpapier weiter nutzen

Wenn man ein Geschenk vorsichtig auspackt,
kann man das Geschenkpapier weiter nutzen.
Die Klebestreifen löst Du mit einem warmen
Bügeleisen.

TIPP 114

Nutzung von „Müll"

Hier Beispiele, wie Du „Müll" sinnvoll nutzen kannst:

Einen Plastikeimer, in dem vorher Joghurt war, kann man nach dem Aufessen des Joghurts prima als Blumentopf nutzen. Schöner wird er indem man ihn z.B. mit einem Stoff umwickelt oder andersweitig dekoriert.

Oder Du kannst eine leere Klorolle halbieren und diese dann als Eierbecher nutzen. Du findest bestimmt noch weitere Möglichkeiten.

TIPP 115

Geschenke verpacken

Nutze den kostenlosen Geschenkservice in den Läden. So sparst Du das Geschenkpapier.

TIPP 116

Preisagenturen nutzen

Seiten wie better-price.de suchen für Dein Wunschprodukt den günstigsten Preis. Dafür bekommt die Agentur 30% des Ersparnisses.

TIPP 117

Probeabos von Zeitschriften

Nutze Probeabos von Zeitschriften. Denke aber daran das Probeabo rechtzeitig zu kündigen!

Auf mystipendium.kioskpresse.de bekommst Du Prämien für Deine Lieblingszeitschrift, die oft die Kosten der Ausgaben für 3 Monate decken.

TIPP 118

Aktionsware

Aldi, Lidl usw haben jede Woche Aktionsware. Von Kleidung über Computer, Fahrräder, Gartengeräte usw. Diese Waren sind oft qualitativ sehr gut und sehr günstig im Preis.

TIPP 119

Preiswecker

Der Preis für einen bestimmten Artikel, den Du gerne möchtest, ist zu hoch? Es gibt in den App-Stores Preiswecker, die Dir eine Info schicken, sobald der Preis Deines Artikels sinkt bzw Deinen Wunschpreis erreicht hat. Das sind Apps wie „Preis-Tracker für Amazon", „Fluctuate" und „PriceSpy".

TIPP 120

Mitarbeit bei GFK Panel

Lade Dir die App GFK SmartScan, registriere Dich unter **https://www.machmit.gfk.com/**. Mit Einwilligung des Gebrauchs personenbezogener Daten erhältst Du Vergütungen, Teilnahmeanreize, Aufwandsentschädigungen oder Prämien.

Ja es ist ein zweischneidiges Schwert, die Daten herzugeben. Aber das darf jeder für sich entscheiden, was er hier machen möchte. Ich möchte es in meiner Auflistung nur nicht unterschlagen.

TIPP 121

Nutzung von Payback / Deutschlandcard

Auch die Sammlung von Punkten über Payback oder Deutschlandcard nutzt stark Deine personenbezogenen Daten und greift Dein Einkaufsverhalten ab. Aber mit den gesammelten Punkten kannst Du tolle Prämien erwerben oder auch mal Deinen Einkauf davon bezahlen.

TIPP 122

Obstnetze nutzen

Obstnetze, z.B. von Orangen, kannst Du super als Scheuerlappen nutzen um damit Verkrustungen in Pfannen und Töpfen usw zu lösen.

TIPP 123

Schau weniger Werbung

Werbung macht uns oft Lust auf Dinge, die wir gar nicht brauchen. Unterbewusst kaufen wir oft auch gerade die Dinge von denen wir besonders häufig Werbung gesehen haben, obwohl es vielleicht auch günstigere Alternativen gibt. Hol Dir diese Erkenntnis beim Einkaufen in Dein Bewusstsein.

TIPP 124

Außerhalb der Saison einkaufen

Dinge wie Skier gibt es im Hochsommer günstiger, bei Wanderschuhen kannst Du im Spätherbst sparen. Kaufe antizyklisch, hier sind viele Dinge dann sehr viel günstiger zu bekommen.

TIPP 125

Geh nicht einkaufen, wenn Du emotional
nicht auf der Höhe bist.

Manchmal geben wir mehr Geld aus, oder
gönnen uns mehr, wenn wir emotional
angeschlagen sind. Bleib an solchen Tagen
dann lieber zuhause, lese ein schönes Buch,
schau einen schönen Film und mach Dir einen
Tee. So hast Du keine Fehlkäufe die Du im
Nachhinein vielleicht bereust.

TIPP 126

VOD anstatt Pay TV

Mittlerweile sind die Video on Demand (VOD)
Anbieter sehr viel günstiger als Pay TV.
Schau Dir mal die Angebote von Amazon
Prime, Netflix, Disney+ usw an. Hier kannst
Du zu jeder Tages- und Nachtzeit Serien und
Filme streamen für kleines Geld.

TIPP 127

Open Office oder Libre Office statt Windows

Nutze auf Deinem PC die Programme Open
Office oder Libre Office. Diese kosten im
Gegensatz zu Windows nichts.

TIPP 128

Senke Deinen Lebensstandard

Auch dieser Tipp mutet vielleicht etwas seltsam an. Aber lass es mich erklären:

Was mir schon sehr oft aufgefallen ist, dass auch Personen mit einem hohen Gehalt oft darüber sprechen, dass sie kein Geld haben. Oft ist es so, dass man auch mehr ausgibt, wenn man mehr Geld zur Verfügung hat. Also schau Dir Deine Ausgaben genau an: Muß es das teure Auto sein? Die teure Kosmetik? Die teure Handtasche? Oder das teure Outfit? Oftmals reichen auch die günstigeren Varianten aus.

TIPP 129

Ignoriere Werbeaussagen, die Dich unter Druck setzen möchten

Damit meine ich Aussagen wie „nur solange der Vorrat reicht" oder „Angebot gilt nur noch heute" oder auch wenn man sieht, wie die verfügbare Anzahl langsam weniger wird. Oftmals wird auch bei Reisebuchungen eingeblendet, wieviele Plätze noch frei sind. Lass Dich davon nicht unter Druck setzen. Überlege trotzdem, ob Du das Produkt wirklich brauchst. Oftmals sind dies nur Werbemaßnahmen, um Dich zu verunsichern.

TIPP 130

Geschenke

Verschenke mal etwas selbst gemachtes. Was auch schön ist, wenn Du gemeinsame Zeit oder gemeinsame Erlebnisse verschenkst.
Zeit ist heutzutage oft das was wir am seltensten teilen.

TIPP 131

Kleidung lüften

Kleidung muß nach dem ersten Tragen nicht immer unbedingt gleich gewaschen werden. Du kannst die Kleidung auch auf einem Bügel an die frische Luft hängen zum auslüften.

TIPP 132

Anstatt Mückenspray

Mit Nelken gespickte Zitronen halten Mücken ebenfalls sehr gut ab. Wespen auf dem Balkon hältst Du Dir vom Leib, indem Du Wasser in eine Sprühflasche füllst und damit die Wespen ansprühst. Also „Regen" simulierst.

TIPP 133

Kupfermünze in die Blumenvase

Lege eine Kupfermünze in die Blumenvase.
So hält ein Blumenstrauß deutlich länger.

TIPP 134

Eierfärben zu Ostern

Du kannst Eier auch günstig mit Rote Beete,
Spinat oder ähnlichem färben. Dies ist
günstiger und dazu umweltschonend.

TIPP 135

Nassrasierer mehrfach verwenden

Du kannst Nassrasierer wieder schärfen,
indem Du sie entgegen der Rasierrichtung
über ein Stück Jeans ziehst.

TIPP 136

Bettfedern wieder auflockern

Du kannst Bettfedern wieder auflockern
indem Du die Naht leicht auftrennst und
einen Föhn vorsichtig rein hältst. So mußt Du
nicht ins Fachgeschäft.

Sparen bei Reinigungsmitteln

Auch die Reinigungsindustrie ist eine Industrie die Geld verdienen möchte. So gibt es für alle möglichen Zwecke und Materialien unterschiedliche Spezialreiniger. Oft chemische Keulen, die dazu auch noch teuer sind. Es kommt immer häufiger zu Allergien, wobei hier die chemischen Reinigungsmittel oft im Verdacht stehen, diese zu begünstigen. Von der Umweltverträglichkeit vieler Produkte müssen wir glaub ich gar nicht erst reden.

Ich zeige hier nur ein paar Beispiele auf. Denn sogenannte Hausmittelchen gibt es viele.

TIPP 137-141

Sparen beim Abflussreiniger

TIPP 137

Zum einen sei hier die Abflussreinigung durch den *Pümpel* genannt. Die Saugglocke aus Gummi ist in den meisten Haushalten vorhanden. Vor der Nutzung ist es am Besten einen halben Liter warmes Wasser mit Seife oder Spülmittel in den Ausguss zu geben. Dann mit dem Pümpel einen Unterdruck erzeugen, der die Verstopfung mit löst.

TIPP 138

Ein weiteres Hausmittel gegen einen verstopften Ausguss ist *Gebissreiniger*. Es reinigt die Ablagerung von Gebiss und Abfluss gleichermaßen durch eine chemische Reaktion. Den Gebissreiniger pur in den Ausguss geben, über Nacht einwirken lassen und danach mit Wasser nachspülen. Fertig.

TIPP 139

Wenn Dein Abfluss verstopft ist, reicht hier oft auch ein *Glas Cola*, um den Abfluss wieder frei zu bekommen.

TIPP 140

Eine weitere Möglichkeit der Abflussreinigung ist eine *Backpulver-Essig-Mischung*, oder eine *Natron-Essig-Mischung*. Mische hierzu zwei Päckchen Backpulver mit einer Tasse Essig (alternativ mit einer halben Tasse Essigessenz). Diese gibt man in den Ausguss und lässt es einwirken. Achtung: Die chemische Reaktion kann sich bis auf 100 Grad erwärmen! Nicht bei Abflüssen verwenden, die schmelzen können (z.B. Abflüsse mit Plastikrohr). Nach der chemischen Reaktion der Mischung, die sich durch sichtbares Sprudeln zeigt, gibt man, nachdem das Sprudeln nachgelassen hat, heißes Wasser dazu um nachzuspülen.

TIPP 141

Oder Du versuchst es mit der Reaktion von *Cola und Mentos*. Diese kann man sich auch zur Abflussreinigung zu nutzen machen. Man legt ein feuchtes Küchentuch auf den Ausguss und legt darauf ein paar Mentos. Darauf gießt man ungefähr zwei Gläser Cola. Danach den Abfluss unbedingt schnell mit einem Stöpsel verschließen, dass der Schmutz in Richtung des Rohres gesprudelt wird und nicht in den Innenraum. Nach der Reaktion mit Wasser nachspülen. Aber auch hier aufpassen, dass es nicht das Abflussrohr verschiebt oder auseinander nimmt.

TIPP 142-146

Sparen mit Wundermittel Backpulver

TIPP 142

In *Pfannen und Töpfe*, in die das Essen eingebrannt ist, gibt man kochendes Wasser, schüttet etwas Backpulver dazu und lässt es miteinander reagieren. Danach sollten die Verkrustungen leicht zu entfernen sein.

TIPP 143

Auch *verfärbte Fliesenfugen* bekommt man mit Backpulver wieder weiß.

TIPP 144

Du hast beim Wäschewaschen ein *Kleidungsstück verfärbt*? Auch hier kannst Du Dein Glück mal mit Backpulver versuchen und die verfärbten Stellen damit behandeln.

TIPP 145

Außerdem bindet Backpulver *schlechte Gerüche* im Kühlschrank, in Schuhen usw.

TIPP 146

Backpulver lässt sich auch bei der *Schädlingsbekämpfung* nutzen. Auch wenn dies umstritten ist, möchte ich es in der Auflistung erwähnen. Hierzu mischt man Backpulver mit Puderzucker und kann so Ameisen, Silberfische oder Motten usw. los werden.

TIPP 147-150

<u>Sparen im Bad</u>

TIPP 147

Vorbeugen ist besser als die Dusche zu schrubben. Reibe nach jedem Duschen die Dusche mit einem trockenen Tuch nach oder nutze einen Gummiabzieher.

TIPP 148

Sehr schön ist der sog. „Lotuseffekt". Dies ist das *Abperlen des Wassers* an der Duschwand. Dies lässt sich durch teure Reinigungsprodukte erreichen, aber eben auch durch das Abreiben mit der frischen Schnittfläche einer halben Kartoffel, Autopolitur oder einem anderen wasserabweisenden Mittel.

TIPP 149

Sind trotz allen Bemühungen *Kalkablagerungen* entstanden, eignen sich Essigessenz, Zitrone oder Backpulver für deren Entfernung.

TIPP 150

Ablagerungen von *Schmutz- und Kalkresten*, manchmal auch *Schimmel*, in den Verbindungen der Duschkabine entfernt man durch das Abbürsten mit heißem Essigwasser und einer Zahnbürste. So erreicht man auch die kleinsten Zwischenräume.

TIPP 151-154

Sparen mit Wundermittel Essig

TIPP 151

Wie bereits erwähnt, bekommt man *Kalkablagerungen* auf Flächen wunderbar mit Essigessenz weg. Aber man kann auch sehr gut mit Essig Haushaltsgeräte, wie Kaffeemaschinen, Wasserkocher usw entkalken. Bei z.B. Spülmaschinen ist es aber trotzdem gut, immer mal wieder den vom Hersteller empfohlenen Maschinenreiniger zu nutzen, da dieser mit seinen Inhaltsstoffen auf die Materialien des Geräts abgestimmt ist.

TIPP 152

Wie gesagt, Essig *bindet Gerüche*. In der Wohnung kann das Aufstellen einer Schale mit Essig dabei helfen schlechte Gerüche wie Zigarettenrauch, Schweiß usw zu absorbieren. Aber auch an den Händen können Gerüche von Zwiebeln, Tabak, Knoblauch usw durch einreiben mit Essig beseitigt werden.

TIPP 153

Essig kann auch wundervoll den *Weichspüler ersetzen*. Er löst feinste Kalkablagerungen, nicht nur in der Maschine, sondern auch in den Fasern der Wäsche und macht diese somit schön weich. Außerdem bindet Essig ja auch unangenehme Gerüche. Geb hierfür einen Schuss Essig (am Besten klarer Haushaltsessig mit 5% Säure, Essigessenz könnte zu scharf sein und Gummi- bzw. Kunststoffteile angreifen) ins Weichspülfach. Wenn man auf den Duft nicht verzichten möchte, kann man noch ein paar Tropfen eines ätherischen Öls ins Waschmittelfach geben.

TIPP 154

Essig ist auch ein natürliches Heilmittel gegen Haut- und Fußpilz. Einfach die betroffene Stelle regelmäßig mit purem Essig beträufeln, das tötet den Pilz ab. Ist der Pilz auch bereits in Kleidungsstücken, kannst Du diese vor dem Waschen in Essigwasser einweichen.

TIPP 155-156

<u>Sparen mit Gallseife</u>

Gallseife ist eine Kernseife, die mit Rindergalle versetzt ist. Ja, das ist vor allem für Vegetarier und Veganer nicht unbedingt passend, aber nachdem viele auch nicht veganen Weichspüler nutzen, der ja in einigen Produkten erwiesenermaßen Tierfett enthält, möchte ich die Gallseife nicht außen vor lassen. Die emulgierenden Salze der Gallsäure haben eine tolle Reinigungswirkung. Am Besten eignet sich die flüssige Gallseife.

TIPP 155

Es ist ein perfekter und sehr günstiger *Flecklöser*. Es hat vor allem bei Stärke-, Blut-, Eiweiß- und Fettflecken eine sehr hohe Wirksamkeit. Aber auch zurückgebliebene Flecken in Stoffwindeln lassen sich damit beseitigen.

TIPP 156

Sie ist auch als *Teppichreiniger* geeignet. Die Stelle mit Gallseife und Wasser einweichen und nachher vorsichtig reiben und mit viel Wasser abspülen. Bei empfindlichen Teppichen allerdings erst mal an einer nicht sichtbaren Stelle ausprobieren. Gallseife kann hier evtl die Farbe herauslösen. Dies gilt auch für qualitativ nicht so hochwertige Materialien.

TIPP 157-158

Sparen mit Allzweckreiniger

TIPP 157

Bitte achte beim Kauf des Allzweckreinigers darauf, dass Du ein Produkt mit gutem Preis-Leistungs-Verhältnis erwischt. Auch günstige Produkte können eine sehr hohe Ergiebigkeit und Wirksamkeit haben. Da es sich für die Reinigung vieler Dinge eignet, spart man durch den Kauf von größeren Einheiten.

TIPP 158

Einen Allzweckreiniger kannst Du auch leicht selbst herstellen:

Z.B. kannst Du zwei Tassen Essig (oder eine halbe Tasse Essigessenz) mit einer Tasse Wasser vermischen. Als Duft kannst Du ätherische Öle hinzugeben.

TIPP 159-163

<u>Sparen beim Reinigen des PKW Innenraums</u>

TIPP 159

Aggressive Reinigungsmittel mit Chlor, Alkohol usw. können die Materialien im Innenraum angreifen. Häufig reicht es die Kunststoffe mit heißem Wasser und einem Spritzer Spülmittel mit einem Baumwolltuch abzureiben und danach trocken nach zu reiben.

TIPP 160

Hartnäckige Flecken kannst Du mit gezielten Einsatz von Rasierschaum zu Leibe rücken. Es löst die Flecken an, welche sich dann durch Spülwasser gut entfernen lassen.

TIPP 161

Gegen unangenehme Gerüche kannst Du einen Spritzer Essig oder Zitrone ins Wasser geben. Dies hat zum einen desinfizierende Wirkung, zum anderen nimmt es den Geruch.

TIPP 162

Polster und Stoffbezüge lassen sich mit einer Spülmittellösung mit Zusatz von Backpulver einschäumen. So werden Schmutzpartikel gebunden und können mit klarem Wasser ausgespült werden. Wenn das nicht hilft, ist der Polsterreiniger aus der Drogerie oft genauso gut, wie teure Produkte speziell fürs Auto.

TIPP 163

Die Fenster lassen sich mit heißem Spülwasser mit Essig reinigen.

TIPP 164-167

Sparen bei der Reinigung der Küche

TIPP 164

Die Küche sollte ja sehr sauber gehalten werden, da hier mit Lebensmitteln hantiert wird. Anstatt teurem *Desinfektionsmittel* kann man hier zur Reinigung von Boden, Schränken und Kühlschrank auf Essigwasser zurück gegriffen werden.

TIPP 165

Als *Bodenwasser* sollte die Essigkonzentration höher sein als bei der Reinigung der Schränke, Kühlschrank.

TIPP 166

Der *Kühlschrank* lässt sich auch durch Zitronenwasser oder einer Natronlösung reinigen.

TIPP 167

Bei *Schimmel* empfiehlt es sich erst den Schrank oder das Gerät mit einer heißen Spülmittellösung oder Natronpaste zu reinigen und danach eine gründliche Desinfektion z.B. mit einer Waschbenzinlösung durchzuführen. Wände lassen sich mit einer Essiglösung reinigen.

TIPP 168-172

Sparen bei Möbelpolituren

Möbelpolituren haben in der heutigen Zeit zwar nicht mehr den großen Stellenwert, aber manche möchten ihre Möbel (auch Holzgartenmöbel) vielleicht doch auf Hochglanz bringen.

TIPP 168

Der erste Tipp ist hier Essig (2 Teile) und Speiseöl (zu 1 Teil) zu mischen. Dies trägst Du mit einem Baumwolltuch auf. Wenn dann noch Verschmutzungen vorhanden sind kann man der Mischung noch Kochsalz zumischen. Das sollte sich allerdings vor dem Auftragen vollständig aufgelöst haben, sonst gibt es Kratzer.

TIPP 169

Ansonsten eignet sich auch normale Sonnenmilch, die Möbel zu pflegen.

TIPP 170

Bei dunklen Möbeln kannst Du es mit einer Öl-Rotwein-Mischung (Verhältnis 1:1) versuchen. Bei hellen Möbeln gibt diese Variante allerdings Flecken. Also Vorsicht!

TIPP 171

Bei antiken Massivholzmöbeln kannst Du eine Mischung aus Bienenwachs und Terpentin verwenden. Das Bienenwachs löst Du im Wasserbad in Terpentin auf, bis es zu einer homogenen Masse wird. Auch diese Mischung wird mit einem weichen Tuch dann aufgetragen.

TIPP 172

Ein Tipp für die Männer: Eichenmöbel bekommst Du durch einreiben mit hellem Bier zum glänzen. Am Besten Du nimmst hier laufwarmes Bier. Danach mit einem weichen Tuch trocken reiben.

TIPP 173-177

Sparen mit den Wundermitteln Natron und Soda

Beides sind chemisch gesehen verwandte Stoffe.

Natron (Natriumhydrogencarbonat $NaHCO_3$) ist z.B. auch der Hauptbestandteil von Backpulver, kann also in der Lebensmittelverarbeitung angewendet werden. Es ist auch bekannt als „Bullrichsalz" oder „Kaiser Natron".

Soda (Natriumcarbonat Na_2CO_3) ist im Handel als Waschsoda, Backsoda oder Kristallsoda erhältlich. Es reagiert basischer und stärker mit anderen Stoffen als Natron. Deswegen wird es als Gefahrenstoff gekennzeichnet.

TIPP 173

Schweißgerüche in Kleidungsstücken, die sich durch das Waschen nicht entfernen lassen, kann man in Waschsoda einweichen. 2 Esslöffel Waschsoda auf einen Eimer Wasser und das Ganze über Nacht einwirken lassen. Danach wie gewohnt in die Waschmaschine.

TIPP 174

Wie bereits im Abschnitt für Backpulver beschrieben, bekommt man auch *Verkrustungen in Pfannen und Töpfen* mit Natron oder Soda weg. Ein Esslöffel mit einem Liter Wasser aufkochen und einweichen lassen. Da Pfannen und Töpfe allerdings mit Lebensmitteln in Kontakt kommen, ist die Verwendung von Natron hier empfehlenswerter. Auch wenn Soda hier stärker reagiert und evtl. den Schmutz besser löst. Achtet beim Aufkochen von Natron auf eine gute Belüftung. Erhitztes Natron kann die Augen reizen.

TIPP 175

Die *Herstellung von Scheuermilch* ist ganz einfach: Stelle aus Soda oder Natron, Zitronensäure und Speisestärke, dazu etwas Wasser, eine Paste her. Diese kannst Du wie Scheuermilch bei starken Verkrustungen bzw. Verschmutzungen auf Küchengeräten, Böden oder Haushaltsgegenständen nutzen.

TIPP 176

Riecht Dein *Mülleimer*? Den Geruch bekommst Du weg, indem Du auf den Boden des Mülleimers eine dünne Schicht Natron oder Soda streust.

TIPP 177

Auch als *Abflussreiniger* sind Soda und Natron, in Kombination mit Essigsäure eine prima Alternative. Natron und Soda wirken fettlösend und antibakteriell. In Reaktion mit der Essigsäure entsteht Kohlenstoffdioxid (CO_2), welches die Verstopfung löst.

TIPP 178-182

Sparen mit Zahnpasta

Hier eignet sich vor allem die Zahnpasta mit einem höheren Anteil an sog. Arasiven Stoffen. Sie besitzen eine Schleifwirkung.

TIPP 178

Mit Zahnpasta gegen Tintenflecken auf Textilien.

Ein kleiner Tupfer Zahnpasta auf den Tintenfleck auftragen, vorsichtig abrubbeln und dann mit Wasser ausspülen. Bei hartnäckigen Flecken lässt man die Zahnpasta antrocknen und kann sie danach abkratzen.

TIPP 179

Reinigung von Silber

Egal ob Schmuck oder Besteck aus Silber. Du kannst es mit einem Tropfen Zahnpasta auf einem weichen Baumwolltuch glänzend polieren.

TIPP 180

Vergilbte Klaviertastaturen bekommst Du mit Zahnpasta auch wieder weiß.

TIPP 181

Ablagerungen und Verfärbungen von Fliesenfugen

Auch die kannst Du mit Zahnpasta und Zahnbürste prima entfernen. Die antibakteriellen Zusatzstoffe der Zahnpasta wirkt außerdem prophylaktisch gegen Keime und Schimmelpilze.

TIPP 182

Zahnpasta eignet sich auch um *unangenehme Gerüche von den Handflächen* zu bekommen. Ein Tropfen Zahnpasta in den Händen verreiben spart die teure Handwaschpaste.

TIPP 183-187

<u>Reinigung von Ölflecken</u>

Ölflecken auf sämtlichen Gegenständen lassen sich ja immer nur schwer beseitigen. Aber auch hierfür gibt es kostengünstige Alternativen.

Wasser generell löst einen Ölfleck nicht raus. Allerdings wirkt heißes Wasser in Verbindung mit einem Flecklöser sehr wohl. Umso heißer, desto besser. Allerdings musst Du die Temperatur natürlich an das Material anpassen, aus dem Du den Ölfleck lösen möchtest.

TIPP 183

Eines der Mittel ist *Babypuder*. Streue das Puder großzügig auf den Fleck. Je stärker der Fleck ist, umso länger drauf lassen. Danach spülst Du das Kleidungsstück mit heißem Wasser aus und gibst es in die Waschmaschine zum Waschen. Alternativ zum Babypuder geht auch *Maisstärke oder Kochsalz*.

TIPP 184

Auch *Backpulver*, als Paste angerührt mit heißem Wasser, soll bei Ölflecken helfen. Allerdings bleicht Backpulver auch. Deswegen bitte nur auf heller Kleidung.

TIPP 185

Ein weiteres Mittel ist *Löschpapier*. Damit kannst Du Ölflecken ausbügeln. Den Fleck auf der Kleidung zwischen zwei Löschpapiere legen und dann mit dem sehr heißen Bügeleisen drüber gehen. Dies mit immer wieder neuen frischen Stellen des Löschpapiers wiederholen.

TIPP 186

Ein seltsam klingender Tipp: Ölflecken mit *Butter* zu Leibe rücken. Buttersäure reagiert chemisch mit Fettmolekülen und soll somit ein guter Fettlöser sein. Stelle mit Butter einreiben, einwirken lassen und das Kleidungsstück bei möglichst hoher Temperatur in der Maschine waschen.

Tipp 187

Reibe den Öl- oder Fettfleck mit Spülmittel ein. Lass ihn einwirken und dann ab in die Waschmaschine.

TIPP 188-189

Reinigung von Rost und Flugrost

TIPP 188

Vitamin C Pulver in etwas Wasser aufgelöst ist ein gutes Rostmittel. Außerdem können dafür *Natron* und *Backpulver* genutzt werden.

TIPP 189

Ein sehr guter Rostlöser ist *Cola* wegen der darin enthaltenen Phosphorsäure.
Angerostetes Besteck oder ähnliches für mehrere Stunden in Cola legen. Danach mit Wasser abspülen. Wenn nötig kannst Du noch mit *Alufolie* drüber gehen.

TIPP 190-191

Reinigung von Töpfen und Pfannen

TIPP 190

Hartnäckige Rückstände von Fett und Milch usw lassen sich durch Aufkochen von Pflanzenöl lösen. Hier kommt das Prinzip zu tragen, löse organisches mit organischem.

TIPP 191

Wie bereits beim Thema *Backpulver* erwähnt, lassen sich hierdurch hartnäckige Verkrustungen lösen.

Aber dies geht auch mittels *Zwiebelwasser*. Schneide eine Zwiebel inklusive Schale klein und lass sie mit etwas Wasser aufkochen, bis das Wasser fast komplett verdampft ist. Ist die Verkrustung noch nicht gelöst, fülle nochmal Wasser nach und wiederhole den Vorgang.

TIPP 192-196

<u>Reinigungsmittel selbst herstellen</u>

Reinigungsmittel selbst herzustellen spart einerseits viel Geld, ist aber andererseits auch gut für die Ökobilanz. Hier ein paar Beispiele:

TIPP 192

Herstellung von Waschmittel:

100 g Kernseife

150 g Soda

150 g Natron

evtl. etwas Spülmaschinensalz

Vermenge alles miteinander. Das Spülmittelsalz kannst Du je nach Härtegrad Deines Wassers hinzugeben. Als Duftmittel kannst Du den Saft einer halben Zitrone oder ein ätherisches Öl (z.B. Lavendelöl) hinzugeben.

Für Weißwäsche:

Noch Zugabe von 100 g Zitronensäure

TIPP 193

Herstellung eines milden Waschmittel (auch für Handwäsche geeignet):

In Kastanien sind natürliche Tensid enthalten. Diese eignen sich hervorragend zum Wäsche waschen.

Man nehme:

Eine Handvoll trockene Rosskastanien. Teile sie in Viertel und übergieße sie mit einem halben Liter Wasser. Diese Mischung lässt Du über Nacht stehen. Das Ganze siebst Du durch ein Haushaltssieb oder ein Tuch und schon fertig ist Dein Waschmittel!

Für Weißwäsche:

Gebe hier noch einen Esslöffel Natron hinzu. Es wirkt als natürliches Bleichmittel.

Übrigens: Durch die Gerbstoffe in der Kastanie, helfen diese auch bei der Wundheilung der Haut als Tinktur, außerdem als Basis für Shampoos als Essenz.

Viel Spass beim Kastanien sammeln im Herbst!

TIPP 194

Herstellung von Orangenreiniger

Lege die Schalen von fünf Bio-Orangen in ein verschließbares Glas und bedecke sie mit Essig oder verdünnter Essigessenz.

Lass das verschlossene Glas zwei Wochen stehen. Der Essig extrahiert in dieser Zeit die wirksamen ätherischen Öle aus den Orangenschalen.

Die Mischung siebst Du danach durch ein Haushaltssieb, die Orangenschalen wirfst Du weg.

Und schon fertig!

Das Extrakt aus den Orangenschalen ist ein toller Reiniger und hat dazu noch eine fettlösende Wirkung mit leckerem Duft.

TIPP 195

Herstellung eines Polsterreinigers

Hierzu eignen sich Waschnüsse aus dem Biosupermarkt. Dies sind haselnussgroße Nüsse aus Indien. Waschnüsse enthalten waschaktives Saponin, welches ein natürliches Tensid (also ein natürlicher Seifenstoff) ist.

Man nimmt:

5 Waschnussschalen

Diese zerdrückst Du und lässt sie in einem Liter Wasser aufkochen. Das Ganze lässt Du langsam abkühlen. Danach die Nussschalen absieben und wegwerfen.

30 ml Spiritus

Diese setzt Du dem Extrakt aus Waschnüssen hinzu. Dadurch wird das Ganze konserviert und sorgt auch für eine schnellere Verdunstung des Reinigungsmittels nach dem Auftragen.

Bei Wasserflecken: Gebe einen Teelöffel Natriumcitrat oder den Saft von zwei Zitronen dazu. (siehe auch jean-puetz.net)

TIPP 196

Weitere Anwendungsgebiete von
Waschnüsse:

Nur um noch kurz das Thema Waschnüsse zu
vervollständigen.

Waschnüsse sind auch dafür geeignet _Wäsche_
zu waschen. Packe hierfür eine Hand voll
Nüsse in einem kleinen Säckchen direkt zur
Wäsche in die Waschtrommel. Waschnüsse
haben eine hohe Reinigungskraft. Aber wie
wir schon gesehen haben, eignen sich hierfür
auch die heimischen Rosskastanien, welche
kostenlos im Herbst überall gesammelt
werden können.

Für Experimentierfreudige: *Waschnüsse als Shampoo*

Man nehme:

1 Handvoll Waschnüsse

600-800 ml Leitungswasser

Die Waschnüsse mit dem Wasser zusammen in einem Topf 15-20 Minuten köcheln lassen. Um besser an die Saponine zu kommen, kannst Du die Nüsse mit einer Gabel, einem Mörser oder ähnlichem zerdrücken. Nach dem Abkühlen das Ganze wieder durch ein Sieb lassen und in einem Gefäß auffangen. Um den Sud besser aufzutragen, kannst Du das Konzentrat dann mit einem Pürierstab oder Mixer zu einem festen Schaum schlagen. So lässt es sich dann im trockenen Haar verteilen und nach 5-10 Minuten Einwirkungszeit mit Wasser ausspülen. Aber Du kannst auch die flüssige Form verwenden. Es gibt keinen Unterschied in der Reinigungskraft. Den Rest in einem Gefäß kalt stellen für die nächsten Haarwäschen.

(Rezept von areyousureweb.wordpress.com)

Natürlich gibt es noch weitere Shampoorezepte mit Waschnüssen im Internet. Schau einfach mal nach.

TIPP 197

Grauschleier in der Wäsche

Die Wäsche wird wieder weiß, wenn Du
Eierschalen in einem gut verschlossenen
Beutel mit in die Waschmaschine gibst.

Sparen im Garten

TIPP 198

<u>Anzucht von Pflanzen</u>

Anstatt teure Anzuchttöpfe kannst Du Eierkartons benutzen. Diese speichern Wasser und eignen sich hervorragend dafür. Die Eierkartons sind auch biologisch abbaubar, so dass Du den Setzling einfach mit dem Eierkarton einpflanzen kannst und so auch die feinen Wurzeln schonst.

TIPP 199

<u>Dünger für Pflanzen</u>

Anstatt teuren Dünger kannst Du z.B. den Kaffeesatz benutzen, oder auch Holzasche aus unbehandeltem Holz als kaliumhaltigen Dünger.

Oder Du nutzt den Sud vom Kartoffeln kochen. Dieser Sud enthält viele Mineralstoffe.

TIPP 200

Nachwachsende Salate pflanzen

Salatsetzlinge sind meist nicht viel günstiger, als ein bereits gewachsener Salatkopf im Lebensmittelhandel oder auf dem Markt. Deswegen pflanze lieber nachwachsende Salate, wie z.B. Pflücksalate.

TIPP 201

Kälteschutz für den Garten

Herbstlaub eignet sich hervorragend als Kälteschutz der Pflanzen für den Winter. Das frisch gefallene Laub ca. 10 cm dick aufs Beet geben und vorsichtig in den Boden einarbeiten. Um zu vermeiden, dass das Laub beim nächsten Sturm weggeweht wird, kann man zusätzlich noch Komposterde auf die Laubschicht setzen. Das verrottende Laub dient so auch als Dünger und verhindert dazu, dass der Boden austrocknet.

TIPP 202

Nacktschnecken

Nacktschnecken essen ja fast alles, was ihnen im Garten in den Weg kommt. Mit Kaffeesatz kann man Schnecken von Beet und Pflanzen fern halten. Da Koffein für Schnecken giftig ist, meiden sie die Beete oder Töpfe. Dazu ist Kaffeesatz noch ein guter Dünger.

Auch das Aufstellen von Schneckenzäunen ist eine Alternative im Kampf gegen Schnecken. Oder Du legst Eierschalen oder Sägespäne aus. Dies sind Alternativen zum Schneckenkorn.

TIPP 203

Selbstangebautes für die Vorratshaltung

Für alles, was man im Garten selbst angebaut hat, gibt es die Möglichkeit der Vorratshaltung. Das geht durch einfrieren, einkochen oder vakuumieren. Dies gilt auch bei Kräutern.

TIPP 204-206

Schutz des Saatgut vor Vögeln

TIPP 204

Saatgut kann recht teuer sein. Da ist es dann ärgerlich, wenn die frisch ausgesäten Samen als Futter für Vögel dienen. Man kann Stockfähnchen mit bunter Alufolie aufstellen, um die Vögel davon abzuhalten.

TIPP 205

Oder man kann auch billigere Sonnenblumenkerne als Ablenkung auslegen. So nehmen sich die Vögel erst mal die leichter zu habenden Sonnenblumenkerne, bevor sie sich mühsam die einzelnen Samen aus dem Beet picken.

TIPP 206

Ansonsten gibt es im Handel luftdurchlässige Mulchfolien. Aber auch eine Katze hilft natürlich, die Vögel weg zu halten.

TIPP 207

Auffangen von Regenwasser

Eine altbekannte Methode ist Regenwasser als Gießwasser zu sammeln. Der Vollständigkeit halber wollte ich diesen Hinweis allerdings nicht unterschlagen.

TIPP 208

Ersparnis beim Gemüseanbau

Wenn man mit dem angebauten Obst und Gemüse im Garten sparen möchte, sollte man sich Gedanken machen, was man anbaut. Kartoffeln sind recht günstig zu kaufen.   Salatsetzlinge sind nicht wirklich günstiger als Salatköpfe im Handel. Bei Gemüse wie Paprika, Auberginen usw kann es sich schon lohnen, diese selbst anzubauen.

TIPP 209

Gärtnerforen und Facebook Gruppen

Hobbygärtner können sich in Gärtnerforen wertvolle Tipps holen. Dazu werden hier oft auch Saatgut oder ähnliches getauscht oder verschenkt.

Sparen beim Auto

TIPP 210

Tanken

Vermeide das Tanken zu Stoßzeiten. Es hat sich herausgestellt, dass die Spritpreise meist zwischen 18 und 20 Uhr am günstigsten sind. Um Spritpreise zu vergleichen kannst Du Tank-Apps, wie z.B. vom ADAC angeboten, nutzen.

TIPP 211

Im Sommer morgens tanken

Morgens ist das Benzin noch kalt im Bodentank. Du bekommst dadurch beim Tanken mehr Benzin. Im Laufe des Tages erwärmt sich das Benzin und dehnt sich aus, was das Volumen erhöht. Der Brennwert nimmt allerdings ab.

TIPP 212

Klimaanlage im Auto

Die Klimaanlage und damit verbundene Kühlung der einströmenden Luft erhöht den Benzinverbrauch. Ältere Klimaanlagen können bis zu 2 Liter mehr auf 100 km verbrauchen. Nutze die Klimaanlage mit Bedacht.

TIPP 213

Scheibenenteiser selbst herstellen

Gekaufte Enteiser bestehen meist hauptsächlich aus Alkohol. Das heißt, Du kannst es auch selbst herstellen.

Du brauchst dafür:

- 50-80% Ethanol (reinen Alkohol), Spiritus oder Essigessenz

- Wasser

- etwas Spülmittel

- Sprühflasche

Du mischt das ganze mit zwei Teile Wasser / einem Teil Alkohol bzw Spiritus oder Essigessenz in einer Sprühflasche und schüttelst das Ganze. Fertig!

Du kannst die Mischung auch vorab präventiv einsetzen, indem Du schon vorab Deine Autoscheibe damit besprühst.

TIPP 214

Enteiser für das Türschloss

Anstatt einem Enteiser Spray für das Türschloss, kann man das Schloß mit Tesafilm abkleben.

TIPP 215

Katzenstreu als Entfeuchter

Katzenstreu nimmt die Feuchtigkeit auf. Fülle den Streu z.B. in eine Strumpfhose oder in einen geeigneten Behälter. Dies ist deutlich günstiger als reguläre Entfeuchter.

TIPP 216

Verwende die Handynavigation

Dein Auto hat kein Navigationsgerät? Kauf Dir eine Halterung fürs Handy und nutze die Google-Maps Navigation.

TIPP 217

Fahrgemeinschaften bilden

Bilde Fahrgemeinschaften wann immer es geht.

TIPP 218

Ersatzteile fürs Auto

Dein Auto braucht ein Ersatzteil? Schau mal auf Schrottplätzen, ob da nicht etwas für Dich brauchbares liegt, dass Du sehr günstig kaufen kannst.

TIPP 219

Gebrauchte Autos kaufen

Der Wertverlust eines neuen Autos im ersten Jahr ist immens. Das lohnt sich nicht. Schau nach einem Jahreswagen oder einem Gebrauchten.

TIPP 220

Werkstätten

Vergleiche die Preise von Werkstätten. Freie Werkstätten sind häufig sehr viel günstiger als Vertragswerkstätten.

TIPP 221

Nutze Carsharing

Statt einem eigenen Auto ist es auch in vielen Städten möglich ein Wagen eines Carsharing-Anbieters zu nutzen. Das eigene Auto steht eh die meiste Zeit auf dem Parkplatz und wird nicht gebraucht.

TIPP 222

Luftfilter des Autos säubern

Ist dieser verschmutzt kommt es zu einer sinkenden Leistung und Erhöhung der Spritkosten.

TIPP 223

Autowäsche

Mit einem Eimer Wasser, etwas Putzmittel und einem Tuch oder Schwamm kannst Du Dein Auto selbst waschen, ohne eine teure Waschanlage besuchen zu müssen. Aber Vorsicht! Dies ist nicht überall erlaubt. Nach dem Winter ist es allerdings sinnvoll zur Entfernung des Salzes eine professionelle Unterbodenwäsche durchführen zu lassen.

TIPP 224

Regelmäßige Autowartung

Wenn Du Dein Auto regelmäßig warten lässt, verlängert sich seine Lebensdauer.

TIPP 225

Reifendruck prüfen

Prüfe regelmäßig den Reifendruck der Reifen Deines Autos. Ist der Druck zu niedrig, erhöht sich der Spritverbrauch.

TIPP 226

Untertouriges Fahren

Das untertourige Fahren, bzw. das rechtzeitige Schalten spart Sprit. Dies ist im allgemeinen im Drehzahlbereich von 1.500 – 2.800 Umdrehungen.

TIPP 227

Vermeide unnötigen Ballast

Je schwerer das Auto, umso mehr Sprit braucht es. Nimm alles aus dem Wagen, das Du nicht brauchst. Fahre keine Reifen spazieren, oder die Ersatzbatterie, etc.

TIPP 228

Bußgeldbescheide

Diese kannst Du kostenlos anfechten. Häufig sind diese falsch oder inhaltlich mangelhaft ausgestellt. Beim Online Service www.geblitzt.de kannst Du den Bescheid hochladen und er wird kostenlos geprüft.

TIPP 229

Scheibenwischer

Schmieren Deine Scheibenwischer? Du kannst versuchen mit einem sehr feinen Schleifpapier beim Wischergummi die Oberfläche zu glätten.

TIPP 230

Rechtzeitiger Wechsel von Winter- auf Sommerreifen

Die Winterreifen besitzen ein tieferes Profil, wodurch die Haftreibung sehr viel höher ist als bei Sommerreifen, sie verbrauchen somit mehr Sprit.

TIPP 231

Reifengröße

Breite Reifen haben einen deutlich höheren Rollwiderstand. Aus diesem Grund verbrauchen diese mehr Sprit. Nimm die vom Hersteller empfohlene Reifengröße.

TIPP 232

Vermeide Kurzstrecken

Wenn der Motor kalt ist, ist der Spritverbrauch und auch der Verschleiß höher. Kurzstrecken senken somit auch die Lebensdauer des Motors.

TIPP 233

Abbremsen

Der Bremsvorgang ist nichts anderes als die Vernichtung von Energie, die der Motor zuvor aufgebaut hat. Mit vorausschauendem Fahren kann man häufige Bremsvorgänge vermeiden. So spart man einerseits Sprit, aber andererseits wird auch das Profil der Reifen geschont. Man kann auch die Bremswirkung des Motors nutzen um Geschwindigkeit zu reduzieren.

TIPP 234

Auto warm laufen lassen

Du solltest es vermeiden, das Auto im Winter warm laufen zu lassen. Es kostet unnötig Sprit.

TIPP 235

KFZ Versicherungen

Über Vergleichsportale lassen sich jedes Jahr günstige KFZ Versicherungen finden. Dazu kann man noch bei einer jährlichen Zahlungsweise sparen (anstatt viertel- oder halbjährig). Schau doch z.B. mal im Internet auf Check24 oder Verivox.

Sparen in der Freizeit

TIPP 236

Gutscheinbücher

Diese gibt es häufig in Städten, z.B. Restaurant-Gutscheinbücher, oder Sauna-Gutscheinbücher etc.. Hier bezahlt man dann für ein Gutscheinbuch einen gewissen Preis, bekommt dann aber z.b. in ausgewählten Restaurants zwei Essen für den Preis von einem, oder mit einem Saunabuch zwei Eintritte zum Preis von einem.

TIPP 237

Ferienprogramme nutzen

Nicht jede Familie kann sich jedes Jahr einen Urlaub leisten. Um Kindern trotzdem schöne Ferien zu ermöglichen gibt es in vielen Städten und Gemeinden ein Ferienprogramm, welches z.B. von Vereinen aber auch Betrieben angeboten wird.

TIPP 238

Jugendgruppen

Örtliche Kirchengemeinden bieten oft kostenlose Jugendgruppen an, bei denen Kinder und Jugendliche viel erleben können.

TIPP 239

Freien Eintritt am Geburtstag

Viele Freizeitbetriebe bieten dem Geburtstagskind freien Eintritt an, z.B. Bäder, Saunen, Freizeitparks usw.

TIPP 240

Internationaler Studentenausweis

Diesen können bereits auch Schüler ab 12 Jahre nutzen und können sich so international Rabatte sichern. Man kann den internationalen Studentenausweis bei der ISIC beantragen, kostet 15 Euro und ist 1 Jahr gültig.

Sparen bei Reisen

TIPP 241

Unterkunft

Geht doch mal wieder campen. Auch wenn ein Zelt nichts für Dich ist. Es gibt auf vielen Campingplätzen sogenannte Mobile Homes oder ähnliches, bei denen Toilette, Dusche und Küche integriert sind. Diese sind oft günstiger als Hotels.

Auch Ferienwohnungen sind eine Möglichkeit.

Oder Du schaust mal bei Airbnb oder auf wimdu.de im Internet vorbei, ob hier in Deinem Urlaubsgebiet etwas passendes angeboten wird.

TIPP 242

Reisen mit Cashback

Wenn Du über Cashback Seiten buchst, dann bekommst Du nach der Buchung einen prozentualen Anteil wieder zurück aufs Konto. Schau mal z.B. auf Seiten wie www.shoop.de, www.getmore.de, www.cashbackdeals.de, www.cashsparen.de, www.shopbuddies.de usw vorbei.

TIPP 243

Reise in der Nebensaison

Hier bekommst Du das selbe Reiseziel und Hotel um einiges günstiger als in der Hauptsaison.

TIPP 244

Anderen Flughafen ansteuern

Natürlich ist das Reisen in der Nebensaison günstiger, aber manchmal geht es halt nicht anders, als in der Hauptsaison in den Urlaub zu fahren. Vor allem wenn man schulpflichtige Kinder hat, kommt man hier nicht daran vorbei. Hier ist eine Idee, mal einen anderen Flughafen anzusteuern. Die Ferien in Deutschland sind ja meist nicht zeitgleich in den Bundesländern. Hauptsaison in dem einen Bundesland kann Nebensaison in einem anderen Bundesland bedeuten.

TIPP 245

Souvenirläden

Vermeide Souvenirläden. Hier sind die Waren häufig sehr teuer. Besuche einen Markt auf dem Du die Waren oft günstiger bekommst und dabei hast Du auch noch mehr Spass.

TIPP 246

Flugtickets

Flugtickets möglichst früh buchen. Je früher Du buchst um so billiger sind sie. Buche, auch wenn Du nur einen Hinflug brauchst vergleiche ob Du nicht billiger weg kommst, wenn Du auch einen Rückflug mitbuchst. Das ist tatsächlich oft günstiger als ein One Way Ticket.

Natürlich gibt es oft auch günstige Last Minute Flüge, bei denen Restplätze verkauft werden.

TIPP 247

Flüge morgens buchen

Häufig ist es günstiger Flüge morgens zu buchen als abends

TIPP 248

Mitfahrgelegenheiten nutzen

Nutze Portale wie z.B. Blablacar, Mitfahrzentrale usw. Die Benzinkosten werden geteilt und vielleicht machst Du dazu ja noch eine nette Bekanntschaft.

TIPP 249

Probebahncard

Nutze Angebote für die Probebahncard. Es gibt sie häufig für 3 Monate und ist sehr viel günstiger als die normale Bahncard. Aber vergiss nicht, sie rechtzeitig zu kündigen!

TIPP 250

Ausgefallene / verspätete Flüge zurück erstatten lassen

Dies kannst Du bis zu 3 Jahre rückwirkend. Der Flug sollte allerdings aus der EU gestartet oder hier gelandet sein, damit das EU-Gesetz greift. Schau mal unter flightright.de.

TIPP 251

Flüge suchen mit offenem Flugzeitpunkt

Wenn Du nicht zu einem bestimmten Tag am Ziel sein mußt, suche Deinen Flug oder Reise mit 1-3 Tagen flexiblen Reisedatum. Hier kannst Du oft auch viel Geld sparen.

TIPP 252

Weniger bekannte Reiseziele

Du möchtest in den Urlaub, hast aber kein so großes Budget? Entdecke neue Reiseziele, die noch nicht so überlaufen sind. Diese sind häufig noch günstig zu haben.

TIPP 253

Regionale Ausflüge anstatt Urlaub weit weg

Kennst Du bereits die nähere oder weitere Umgebung um Deinen Wohnort? Hier gibt es sicher noch viele schöne Ecken zu entdecken. Schau hierfür doch nach Tipps auf regionalen Internetseiten, auf Instagram oder Facebook. Oder auch bei regionalen Veranstaltungskalendern.

TIPP 254

Reisen über den Discounter

Aldi, Lidl usw. bieten mittlerweile schon tolle Reisen an. Du solltest allerdings darauf achten, was im Reisepreis alles enthalten ist. Nicht dass es zu bösen Überraschungen kommt.

TIPP 255

<u>Reisepreise vergleichen</u>

Das Stöbern in Katalogen, bzw. auf verschiedenen Internetseiten lohnt sich. Es können für die selbe Reise große Preisunterschiede aufgerufen werden. Hier gibt es Vergleichsportale wie www.fliegen-sparen.de, www.discountflieger.de, fluege.de oder der Mietwagen über www.billiger-mietwagen.de usw.

TIPP 256

<u>Sparen bei der Reisebuchung</u>

Du bist flexibel was Deinen Urlaub und Reiseziel angeht? Reiseseiten / Apps wie Urlaubsguru, Urlaubspiraten etc. suchen für Dich die günstigsten Reiseangebote und stellen sie auf ihre Seite. Schau mal rein. Es sind tolle Angebote dabei.

TIPP 257

Essen bei Reisen

Natürlich ist es günstiger, wenn Du in einer Ferienwohnung selbst im Supermarkt einkaufst und kochst. Aber manchmal möchte man vielleicht auch wirklich mal nichts im Urlaub machen. Dann schau doch mal in Seitenstrassen, fernab der Touristenmeilen. Hier sind die Restaurant häufig günstiger, oder es wird z.B. Streetfood angeboten.

TIPP 258

Sonnenmilch mitnehmen

Kaufe Deine Sonnenmilch zuhause und nehme sie in den Urlaub mit. Ja, es ist Gewicht im Koffer, aber es ist sehr viel günstiger, als im Urlaubsort eine Sonnenmilch zu kaufen. Vergleiche mal und staune, wieviel es aus macht.

Energiespartipps

TIPP 259

Nutzung von Multisteckern

Diese lassen sich ausschalten. Somit laufen Geräte nicht dauerhaft im Stand-By Modus.
Ohne Multistecker einfach Gerät vom Strom nehmen. Der Stand-By Modus an Geräten kostet viel Strom.

TIPP 260

Energiesparmodus nutzen

Viele Geräte, wie z.B. Spülmaschine, Kaffeemaschinen, Waschmaschinen, haben einen Energiesparmodus. Nutze ihn!

TIPP 261

Licht ausschalten

Dort, wo es nicht gebraucht wird.

TIPP 262

<u>Stromanbieter wechseln</u>

Über Vergleichsportale wie check24 oder Verivox, usw., lässt sich mit ein paar Klicks ein neuer, günstigerer Anbieter finden. Das Portal übernimmt für Dich die Kündigung des alten Anbieters und die Buchung des neuen Anbieters. Alles also mit ein paar Klicks und wenig Zeitaufwand erledigt, kann aber eine große Kostenersparnis verursachen.

TIPP 263

<u>Stoßlüften im Winter</u>

Altbekannt. Lieber mal für 5-10 Minuten richtig durchlüften, so dass ein Luftaustausch stattfinden kann, als das Fenster immer gekippt zu haben. Stoßlüften hilft auch die Luftfeuchtigkeit zu verringern und somit Schimmel entgegen zu wirken.

TIPP 264

<u>Dekolichter</u>

Dekorative Lichter, z.B. zur Weihnachtszeit, z.B. über Nacht ausschalten.

TIPP 265

Energieeffizienz von Elektrogeräten

Beim Kauf von Elektrogeräten, wie z.B. Waschmaschine, Spülmaschine etc. auf die Energieeffizienz zu achten, spart auf Dauer Geld, auch wenn diese in der Anschaffung oft teurer sind.

TIPP 266

Bildschirmschoner

Schalte den Computer aus, wenn Du ihn für längere Zeit nicht nutzt. Auch ein Bildschirmschoner verbraucht Energie.

TIPP 267

Laptop nutzen

Für die Klimabilanz ist es günstiger einen Laptop zu nutzen als einen stationären Computer. Auch verbraucht ein Laptop weniger Strom als ein „richtiger" PC.

TIPP 268

Heizung

Drehe die Heizung ein bisschen zurück, so dass Du 1 Grad weniger Raumtemperatur hast. Du merkst es kaum, aber es spart Energie. Denke auch an das Entlüften Deiner Heizung.

TIPP 269

Platz vor der Heizung

Stelle nichts direkt vor die Heizung. Mit mehr Platz vor der Heizunh kann sich die Wärme besser im Raum verteilen.

TIPP 270

Heizung konstant laufen lassen

Lass Deine Wohnung nicht auskühlen. Du gehst in den Urlaub? Da ist die Heizung komplett abzudrehen keine gute Idee. Das anschließende wieder wärmen des Zimmers kostet mehr Energie, als wenn Du die Heizung auf niedriger Temperatur weiterlaufen lässt, da sich die Wände dann erst wieder aufwärmen und Energie speichern müssen.

TIPP 271

Heizung entlüften

Denke auch an das Entlüften Deiner Heizung. Wenn es in der Heizung gluckert, oder es oben am Heizkörper kälter ist als unten, dann wird es höchste Zeit. Sobald beim entlüften Wasser kommt, schnell wieder zudrehen.

TIPP 272

Feuchte Luft erwärmt sich schneller als trockene

Das heißt, du kannst einfach ein feuchtes Tuch auf die Heizung legen und somit die Luftfeuchtigkeit etwas erhöhen. Aber erhöhe sie nicht zu sehr, sonst bildet sich Schimmel.

TIPP 273

Reflektierende Folie hinter die Heizung

Du kannst eine reflektierende Folie (z.B. eine Rettungsdecke) hinter die Heizung pinnen. So wird die Wärme abgestrahlt und läuft nicht ins Gemäuer.

TIPP 274

Entstaube die Heizung

Wenn die Heizung frei von Staub ist, heizt sie besser und spart somit Energie. Wenn Du nicht in die Rizzen kommst, kannst Du feuchte Tücher an die Wand oder auf den Boden legen und mit einem Föhn den Staub in Richtung der Tücher föhnen. So bleibt der Staub an den feuchten Tüchern hängen.

TIPP 275

Vorhänge / Rollläden

Abends die Vorhänge zuziehen, bzw. die Rollläden schließen, senkt die Heizkosten.

TIPP 276

Waschmaschine

Senke die Waschtemperatur etwas ab. Die Wäsche wird trotzdem sauber. Z.B. die 90 Grad Wäsche mit 60 Grad waschen, die 40 Grad Wäsche mit 30 Grad.

TIPP 277

Schonwaschgang vermeiden

Den Schonwaschgang an der Waschmaschine wirklich nur nutzen, wenn es nicht anders geht, z.B. für Seide. Der Schonwaschgang verbraucht fünfmal soviel Wasser und viermal soviel Strom als das normale Waschprogramm.

TIPP 278

Restwärme nutzen

Nutze beim Kochen und Backen die Restwärme aus. Schalte also die Kochplatte und den Backofen rechtzeitig aus.

TIPP 279

Backofen nicht vorheizen

Das Vorheizen des Backofens ist in den meisten Fällen nicht wichtig. Man kann das zu backende Gut in den sich noch aufwärmenden Backofen stellen. Dies spart Strom. Nur bei z.B. Fischfilet ist es wichtig, dass von der ersten Sekunde an die richtige Temperatur gewählt ist.

TIPP 280

Kühlschrank nicht zu kalt einstellen

Auch hier lässt sich am Sparrad drehen. Kaufe Dir einen Thermometer, der für den Kühlschrank geeignet ist. Die optimale Temperatur liegt bei 7 Grad. Achte darauf, dass wenn sich Eis bildet, dieses zu entfernen. Es treibt die Stromkosten nach oben.

Beachte beim Einräumen des Kühlschranks, dass es ganz unten am Kältesten ist.

TIPP 281

Kühlschrank zügig ein- bzw ausräumen

Es ist wohl günstiger, alles auf einmal in den Kühlschrank ein- bzw auszuräumen, als für jedes Lebensmittel die Türe wieder aufzumachen. Nur beachte, dass die Kühlschranktür insgesamt nicht zu lange offen steht.

TIPP 282

Gefrierschrank regelmäßig abtauen

Durch Eisbildung im Gefrierschrank gehen die Stromkosten nach oben. Achte darauf Deinen Gefrierschrank regelmäßig abzutauen.

TIPP 283

Wäsche trocknen

Am günstigsten trocknest Du die Wäsche mit dem Wäscheständer. Wenn Du allerdings einen Trockner verwenden möchtest, wird die Wäsche hier schneller trocken indem Du ein trockenes Handtuch mit in den Trockner gibst. Dieses saugt die Flüssigkeit mit auf. So kannst Du Energie sparen

TIPP 284

Kühlschrank / Gefrierschrank an kühle Orte stellen

Wenn Du Deinen Kühl- oder Gefrierschrank an einen kühlen Ort stellst, braucht er nicht so viel Energie um die kalte Temperatur zu halten. Allerdings ist ein zu kalter Ort (unter 16°) auch nicht optimal.

TIPP 285

Nutze LED Birnen

Diese sind zwar im Einkauf teurer, sparen aber extrem viel Energiekosten.

TIPP 286

Essen abkühlen lassen

Lass Dein Essen nach dem Kochen erst abkühlen, bevor Du es in den Kühl- oder Gefrierschrank räumst. Warme Speisen erwärmen den Kühl- bzw Gefrierschrank kurzzeitig, wodurch er wieder stärker runterkühlen muß.

TIPP 287

Geschirrspüler nutzen

Wenn Du einen Geschirrspüler zur Verfügung hast, dann nutze ihn. Häufig verbraucht dieser weniger Wasser und Strom, als wenn Du von Hand abspülst.

TIPP 288

Geräte entkalken

Zuviel Kalk ist nicht nur nicht gut für die Haushaltsgeräte, es treibt auch die Stromkosten in die Höhe. Günstige Entkalker sind z.B. Zitronensäure oder Essigessenz.

Sparen im Internet

TIPP 289

Gutscheine im Internet nutzen

Gutscheine sind über Portale wie
www.gutscheine.de oder
www.gutscheinsammler.de oft leicht für alle
Lebensbereiche zu finden. Zum Beispiel für
Parfüm, Matratzen, Smartphones, Burger,
aber auch Flugtickets, Single-Börsen oder
DSL-Verträge. Schau einfach mal rein.

TIPP 290

Vergleichsportale nutzen

Über Vergleichsportale, wie check24, Verivox
oder auch idealo und so weiter, lassen sich
oft große Preisrabatte finden. Hier kannst Du
Stromanbieter, Versicherungen, Handytarife,
sogar Krankenversicherungen usw prüfen.

TIPP 291

Einkaufen mit Cashback

Schau Dir mal Cashbackportale an. Hier bekommst Du einen Anteil des Einkaufswertes wieder zurück erstattet. Dies sind z.B. Seiten wie www.shoop.de, www.getmore.de, www.cashbackdeals.de, www.cashsparen.de, www.shopbuddies.de usw. Hier kannst Du mit Cashback und Rabatten bzw. Gutscheincodes einkaufen.

TIPP 292

Sparabo am Amazon

Wenn Du etwas regelmäßig ein bestimmtes Verbrauchsgut bei Amazon bestellst, nutze das angebotene Sparabo. Dies spart Dir häufig bis zu 20%.

Günstig kühl durch den Sommer kommen

Klimageräte bzw. Klimaanlagen kosten ja schon ihr Geld. Aber mit etwas Taktik und Know How gibt es auch günstige Möglichkeiten kühl durch den Sommer zu kommen.

TIPP 293

Fenster schließen und abdunkeln

Dieser Tipp ist altbekannt. Ist aber trotzdem eine günstige Variante die Wohnung etwas kühler zu bekommen.

TIPP 294

Fensterfolie nutzen

Fensterfolien sind eine gute Alternative, aber auch Ergänzung zu Rollos. Du klebst sie direkt auf das Fenster. So werden Sonneneinstrahlungen abgewiesen, der Raum aber nicht komplett verdunkelt.

TIPP 295

Ventilator nutzen

Allein das Gefühl von bewegter Luft wird als kühlend empfunden. Wenn Du jetzt aber noch ein Gefäß mit kaltem Wasser oder Eiswürfel vor den Ventilator stellst, nimmt der Luftzug die Kühle des Wassers bzw. Eis mit auf und kann so den Raum etwas runter kühlen.

Abends, wenn es draußen kühler wird, kannst Du den Ventilator auch ans Fenster stellen. So kann warme Luft von innen nach draußen geblasen werden.

TIPP 296

Elektrogeräte komplett ausschalten

So sparst Du nicht nur Stromkosten. Elektrogeräte im Stand-By Modus erzeugen auch Wärme.

TIPP 297

Helle Wände

Wie bereits erwähnt, nehmen helle Farben weniger die Hitze auf als dunkle.

TIPP 298

Rollos, Jalousien oder Vorhänge in hellen
Farben

Helle Rollos, Jalousien oder Vorhänge
reflektieren die Hitze und nehmen sie nicht so
auf, wie dunkle Farben. Toll sind hier
Materialien mit einer hoch reflektierenden
Außenseite. Je besser das Material reflektiert,
umso kühler bleibt der Raum.

TIPP 299

Nimm Ladegeräte vom Strom

Wenn Dein Handy geladen ist, nimm auch
das Ladegerät vom Strom. Wenn Du das
Ladegerät in der Steckdose lässt, verbraucht
dieses auch Strom, ohne dass das Handy
dran hängt. Nehme auch die Ladestation
Deiner elektrischen Zahnbürste vom Netz,
wenn diese geladen ist.

TIPP 300

Pflanzen an der Hauswand

Dies ist ein Tipp für Hausbesitzer. Wild wachsender Wein oder Efeu, den Du an der Hauswand wachsen lässt, wirkt wie eine zweite Haut und somit wie eine Isolierung. Wähle aber eine Pflanze, die nicht das Gemäuer zerstört. Dies wäre kontraproduktiv.

TIPP 301

Fenster isolieren

Undichte Fenster lassen nicht nur Kälte im Winter, sondern auch die Hitze im Sommer in die Wohnung. Gut gedämmte Fenster und Türen helfen.

SONDERTIPP 302

Geld nebenher verdienen

Last but not least: Geld sparen ist ja schön, aber es ist natürlich auch eine wunderbare Ergänzung, wenn man sich nebenbei noch etwas dazu verdienen kann. So gibt es sehr viele unterschiedliche Möglichkeiten, wie Du noch an zusätzliches Geld kommen kannst.

Da sind viele bereits bekannte Ideen, wie Kellnern, im Einzelhandel oder Kino aushelfen, Zeitungen austragen und so weiter.

Aber es gibt auch Möglichkeiten online seine Kasse etwas aufzufüllen.

So kannst Du z.B. durch die Teilnahme bei Umfragen ein bisschen dazu verdienen. Oder durch Affiliate Marketing und vielem mehr.

Ideen, Möglichkeiten und deren Umsetzung findest Du auch in vielen Büchern, die Du im Moment noch unter „Gratis Bücher" auf meiner Internetseite **www.erfolgshelfer.com** findest. Schau doch mal rein. Du bezahlst nur den Versand der Bücher.

Schlusswort

Ich hoffe Dir hat das Buch ERFOLGREICH SPAREN gefallen und Du konntest für Dich etwas rausziehen, das Dich weiterbringt und womit Du etwas Geld auf die Seite bekommst. Es ist wichtig, dass Du Dich mit den Tipps, die Du umsetzen möchtest, gut fühlst. Auch ich setze nicht alle Tipps um, sondern ein paar, die mir liegen und sich in meinen Alltag gut integrieren lassen. Wie weit Du gehen möchtest, entscheidest alleine Du.

In diesem Sinne, wünsche ich Dir viel Erfolg und Freude in der Umsetzung der von Dir präferierten Tipps! :-)

© 2020 Katja Kemmler

Erstauflage

Verlag:
Katja Kemmler
c/o AutorenServices.de
Birkenallee 24
36037 Fulda

info@erfolgshelfer.com
www.erfolgshelfer.com

Cover:
Andrea Müller
Tante Mülli & Das Mülli Mo
www.tantemuelli.de